Antje Bostelmann (Hrsg.)

Nun zieht Hampelmann seine Kleider an
Kreisspiele in der Kinderkrippe

Impressum

Nun zieht Hampelmann seine Kleider an
Kreisspiele in der Kinderkrippe

Herausgeberin
Antje Bostelmann

Autoren
Antje Bostelmann, Michael Fink,
Friderike Bostelmann

Melodien / Liedtexte
Friderike Bostelmann, Frauke Bublies
(Seite 19, 35, 55, 57, 61, 67)

Titelfoto
Ferdinand Bostelmann

Illustrationen
Eva Weisse, Jakob Knapp

Gestaltung
Linda Schirona

Lektorat
Janine Parpart, Ines Tabbert

Druck
Druckerei Uwe Nolte, Iserlohn
Gedruckt auf chlorfrei gebleichtem Papier

Verlag
Bananenblau UG (haftungsbeschränkt)
Der Praxisverlag für Pädagogen
Arkonastr. 45–49
13189 Berlin

Telefon: 030 477 96 0
Fax: 030 477 96 204
E-Mail: info@bananenblau.de
www.bananenblau.de

© Bananenblau 2011
ISBN 978-3-942334-24-2

Das Titelbild auf diesem Buch ist in der KLAX-Kinderkrippe Sonnenhaus in Berlin aufgenommen worden.

Alle verwendeten Texte, Fotos und grafischen Gestaltungen sind urheberrechtlich geschützt und dürfen ohne Zustimmung des Urhebers bzw. Rechteinhabers außerhalb der urheberrechtlichen Schranken nicht von Dritten verwendet werden, insbesondere, jedoch nicht abschließend, weder vervielfältigt, bearbeitet, verbreitet, öffentlich vorgetragen, aufgeführt, vorgeführt oder zugänglich gemacht, gesendet oder sonst wie Dritten zugänglich gemacht werden.

Inhalt

6 **Vorwort**

8 **Einleitung**

16 Jetzt zieht Hampelmann seine Kleider an

18 Schau mal, was ich kann

20 **Tiere**

22 Ein kleines graues Eselchen

24 Miezekatze, tanze!

26 Häschen in der Grube

28 Sonnenkäferlied

30 Ich bin ein dicker Tanzbär

32 Teddy, Teddy dreht sich um

34 Du kleiner Frosch

36 **Traditionell**

38 Ringel, Ringel, Reihe

40 Ringlein, Ringlein, du musst wandern

42 Zeigt her eure Füße

44 Dornröschen war ein schönes Kind

46 Ich bin ein Musikante

48 Tanzen

50 Es tanzt ein Bi-Ba-Butzemann

52 Brüderchen, komm tanz mit mir

54 Ich kann tanzen

56 Unser Kreis

58 Englisch

60 Clap with your hands

62 Head, shoulders, knees and toes

64 If you're happy and you know it

66 The stork

68 Nachwort

70 Autoren und Herausgeberin

72 Verlag

Vorwort

Musik macht schlau

Musik und Rhythmus finden ihren Weg zu den geheimsten Plätzen der Seele.

Platon

Woher kommt das nur? Begegnen wir einem Kleinkind, kriegen wir einfach Lust, ihm etwas vorzusingen. Kleine Kinder und Musik scheinen für uns einfach zusammenzugehören. Liegt es daran, dass kleine Kinder so besonders freudig reagieren, wenn man gemeinsam mit ihnen singt? Dass sie so viel Spaß und Freude ausstrahlen, wenn man ein kleines Tänzchen mit ihnen wagt?

Auf jeden Fall sind Kinder in den ersten Jahren ausgesprochen dankbare Rezipienten jeder Art von Musik und musikalischer Bewegung. Musik tut aber nicht nur ihrer Laune gut: Das Singen und Anhören von Musik, vor allem aber auch die Bewegung dazu, fördern in der frühen Kindheit ganz elementar die Musikalität.

Das Singen und Tanzen löst im Gehirn von kleinen Kindern unglaublich viele Reaktionen aus: Musikalische Grundkompetenzen werden angelegt, die Hördifferenzierung wird ausgeprägt, Kreativität und Fantasie kommen zum Einsatz. Dass dies Intelligenz, Aufmerksamkeit, Sprachentwicklung und die Sinneswahrnehmung fördert, liegt auf der Hand.

Jede Krippenerzieherin und auch alle Eltern sollten viele Kreisspiele, Sing- und Fingerspiele einstudieren; nicht nur, um den Allerkleinsten eine Freude zu machen, sondern auch, um ihre Entwicklung in vielfältiger Hinsicht anzuregen.

Wir haben in diesem Buch traditionelle Kreis- und Singspiele gesammelt und darüber hinaus eigene erfunden. Wir hoffen Eltern und Erzieherinnen damit einen kleinen Liederschatz in die Hände zu legen, der ihnen und ihrem Kleinkind viel Spaß bereiten wird.

Antje Bostelmann, Friderike Bostelmann und Michael Fink

im Juni 2011

Einleitung

Über die Sache mit der Musik-Begabung – und den Spaß am Singen, den man weitergibt.

„Musik ist nicht so mein Ding – das übernimmt lieber meine Kollegin..." Man hört es oft: Neben sangesfreudigen Erzieherinnen mit Notenwissen und der Fähigkeit, ein Instrument zu spielen, gibt es auch viele Pädagoginnen, die ihre eigenen Musikkenntnisse eher bescheiden einschätzen. Sie klammern dieses Thema lieber aus, als die Kinder mit vermeintlich schwacher Stimme und geringem Melodie- und Taktgefühl zu traktieren. Musik ist in unserer Wahrnehmung etwas, das Talent voraussetzt, wenn man sie aktiv produzieren möchte, und wem die Begabung fehlt, dem bleibt ja immer noch der Hörgenuss des auf der CD festgehaltenen Talents.

Krippenkinder müssten die Einstellung eigentlich merkwürdig finden: Es gibt unseren Beobachtungen nach kaum Kinder, die nicht von

Musik dazu angeregt werden, mit dem Körper mitzuwippen, Liedzeilen und Töne nachzuempfinden und selbst Klänge zu produzieren. Die Kleinen zeigen uns: Musik zu machen und wahrzunehmen ist eine Wesenseigenschaft, über die zunächst jeder Mensch verfügt. Erst später, je nachdem ob dieses Grundbedürfnis nach Musikalität gefördert wird oder verkümmert, vielleicht durch öden Musikunterricht sogar verleidet wird, entsteht das Paradoxon, dass fast alle Menschen gerne Musik hören, sich selbst aber nicht zugestehen, mit Stimme oder Instrument eigene Klänge zu produzieren. Wie schade!

Erzieherinnen haben unter anderem die Aufgabe, den Kindern die Fülle an Betätigungsmöglichkeiten, die das Leben bietet, durch eigene Begeisterung vorzuleben. Es ist wichtig, dies auch in Bezug auf Musik zu tun: Sie sollen Kindern zeigen, dass es Freude macht, zu singen und sich dazu zu bewegen, ganz gleich ob Stimme und Darbietung nun reif für den Konzertsaal sind – oder in der Öffentlichkeit höchstens als schräges Youtube-Video taugen. Kleinen Kindern ist es in der Regel egal, ob das Lied vom *Häschen in der Grube* sauber gesungen wird – nicht egal ist es, ob die eigene Erzieherin voller Lachen und Gefühl beim Musizieren dabei ist – oder durch Vermeiden oder verhaltenes Auftreten die Botschaft vermittelt, dass das nichts für sie ist.

Erzieherinnen und Erzieher, macht Musik und lasst die Kinder wie euch selbst erleben, dass dies jedem Menschen Genuss bedeutet – egal, was die anderen sagen!

Einleitung
Über das Übersetzen von Musik in andere Disziplinen

„Mittwochs machen wir Musik, donnerstags Bewegung und freitags malen wir!" Die Einführung von Bildungsprogrammen hat es mit sich gebracht, dass Krippen immer mehr wie Schulen werden: Jeden Tag Bildung – dagegen spricht ja auch nichts – und manchmal auch täglich ein anderes Fach. Schwierig wird letzteres, wenn daraus der sogenannte Bildungsbereich-Dogmatismus entsteht: Musik bedeutet dann, in jedem Fall Instrumente zu verwenden, während der Bewegungstag zwangsläufig den Besuch im Bewegungsraum nach sich zieht. Klar ist aber – und dies übrigens nicht nur in Bezug auf Kleinkinder, dass kreative Bildungsprozesse die Eigenschaft haben, Fachgrenzen zu überspringen. Zu Musik bewegt sich das Kind, mit dem Stift in der Hand entsteht dabei vielleicht ein Musik-Bild, und in den allermeisten Fällen wird irgendwann immer ein Spiel daraus.

Zum Thema „Kreisspiele" passt diese Überlegung bestens: Denn bei Kreisspielen gehört das Übersetzen von Musik in Bewegung einfach dazu. Gleichzeitig wird mit dem Kreisspiel eine Geschichte erzählt und erlebt, etwa wenn die Kinder im Lied das Trösten von *Häschen in der Grube* oder das Schlafen und Wiedererwachen von *Dornröschen* inszenieren. Natürlich ist die Handlung mit dem Singen des Liedes und dem Ausführen von überlieferten oder selbst erdachten Bewegungsabläufen oft noch nicht abgeschlossen: Kinder, die Kreisspiele lieben, brauchen es, diese geschlossen wirkende Form in freie Spielhandlungen übergehen zu lassen. Es sollte uns daher nicht irritieren, wenn aus dem geschlossenen Angebot Morgenkreis unversehens eine Freispielphase wird.

Einleitung

Über die Funktion von Kreisspielen im Tagesverlauf – und im Leben des Kleinkindes

Kreisspiele strukturieren den Tag. Sie sind für die Kinder ein Ritual, denn sie bieten einen vertrauten Ablauf, mit dem eine Geschichte erzählt wird.

Kreisspiele lassen ein Bild entstehen. Es ist eine gute Frage, was eigentlich wozu dient: Die Handlung, um sich auf die Musik einzulassen – oder ist die Musik nur das Mittel, um sich die Spielhandlung vorzustellen?

Ist Kreisspiel überhaupt eine Art Spiel im klassischen Sinne? Bestimmt nicht, wenn es sich dabei um ein nicht veränderbares Arrangement handelt, das von den Kindern wie eine bierernste Theatervorführung umzusetzen ist. Aber das will ja keiner. Eigentlich ist ein Kreisspiel ein Regelspiel, bei dem man mithilfe des Liedes einen besonders schönen Ablauf fertig geliefert bekommt: In einem *Dornröschen*-Spiel kann man spielend und singend durch das ganze Märchen gelangen.

Kreisspiele kennt man vor allem aus Krippe und Kindergarten. Aber die damit verwandte Kulturform ist etwas, was vielen Kulturen zueigen ist: Kreistänze, Volkstänze, Tanzspiele. Fast alle Kulturen der Welt kennen solche Formen des Tanzens, bei dem ein Aspekt des Alltagslebens nachgespielt wird: Die Brautwerbung, das Berufsleben, bisweilen auch existenziellere Lebenssituationen. Es ist manchmal nur ein kleiner Schritt zum gemeinschaftlich begangenen religiösen Ritual, zur Zeremonie. Typisch für all diese Rituale ist: Menschen vollziehen gemeinsam einen nach festgelegten Regeln funktionierenden Bewegungsablauf, der den Alltag im Spiel nachahmt.

Kreisspiele sind also ein Versuch, im geregelten Spiel lebensbedeutsame Vorgänge zu erleben und damit auch zu verstehen.

Etwas über mein Leben erfahren: Manchmal ist das nicht leicht zu sehen in den Liedern, die gemeinhin im Morgenkreis gespielt werden, denn natürlich spielen die meisten Kreisspiele in Welten, mit denen Kleinkinder – und auch oft wir älteren – keinerlei Berührung mehr haben. Einen *Tanzbär* hat wohl kaum jemand aus den heutigen Generationen in Wirklichkeit gesehen, einen echten Hasen – also kein Kaninchen – in der Grube wohl auch eher selten, und *Dornröschens* Märchenwelt war auch schon vor hundert Jahren nichts als reine Fiktion. Trotzdem rühren die Bilder die Kinder an, weil in diesen Stücken immer emotionale Momente enthalten sind, die das Erleben von Kleinkindern prägen: Das Gefühl, sich ein wenig schutzsuchend zu fühlen und umsorgt zu werden wie der Hase in der Grube. Das Erlebnis, auf wohlmeinende und weniger wohlmeinende Menschen zu treffen, wie beim Dornröschen-Spiel, bei dem, wie im echten Leben nach einer Art Krise, alles plötzlich gut wird.

Es muss etwas mit uns zu tun haben: Eigentlich gelten bei der Auswahl des Kreisspiels die gleichen Regeln wie bei allen anderen pädagogischen Fragen: Das, was wir gemeinsam spielen wollen, muss zur Erlebnis- und Gefühlswelt von Kleinkindern passen. Man merkt dies daran, wie die Kinder bei einem neuen Lied einsteigen. Kreisspiele, die die Kinder begeistert aufgreifen, passen offensichtlich zu ihrem derzeitigen emotionalen Erleben. Kreisspiele, die sie kalt lassen, gehen an ihrer Welt derzeit oder auch immer vorbei.

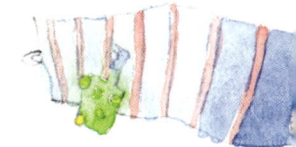

Spielanleitung:

Alle Kinder stellen sich in einem Kreis auf. Ein Kind stellt sich als Hampelmann in die Mitte des Kreises und macht die Bewegungen des Hampelmanns vor. Alle anderen machen die Bewegungen nach.

Natürlich können auch zwei Hampelmänner die Bewegungen vormachen.

Jetzt zieht Hampelmann seine Kleider an

Traditionell

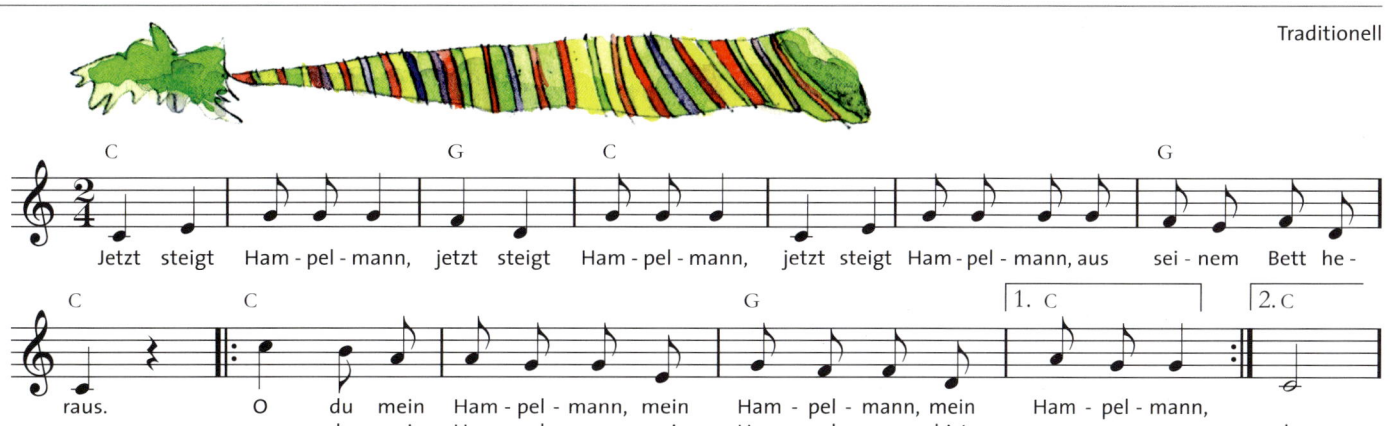

1. Jetzt steigt Hampelmann, jetzt steigt Hampelmann,
   jetzt steigt Hampelmann aus seinem Bett heraus.
   O du mein Hampelmann, mein Hampelmann, mein Hampelmann,
   o du mein Hampelmann, mein Hampelmann bist du.

2. Jetzt zieht Hampelmann, jetzt zieht Hampelmann,
   jetzt zieht Hampelmann sich seine Strümpfe an.
   O du mein Hampelmann, mein Hampelmann, mein Hampelmann,
   o du mein Hampelmann, mein Hampelmann bist du.

3. Jetzt zieht Hampelmann
   sich seine Hose an.

4. Jetzt zieht Hampelmann
   sich seine Jacke an.

5. Jetzt setzt Hampelmann
   sich seine Mütze auf.

Spielanleitung:

Dieses Lied kann beim Waschen (z.B. nach dem Essen) gemeinsam mit den Kindern gesungen werden.

Die Kinder machen die Bewegungen des Zähneputzens und Händewaschens nach. Im zweiten Teil des Liedes zeigen alle Kinder auf ihre Ohren, Nasen, Münder und streichen mit den Händen über ihren Kopf.

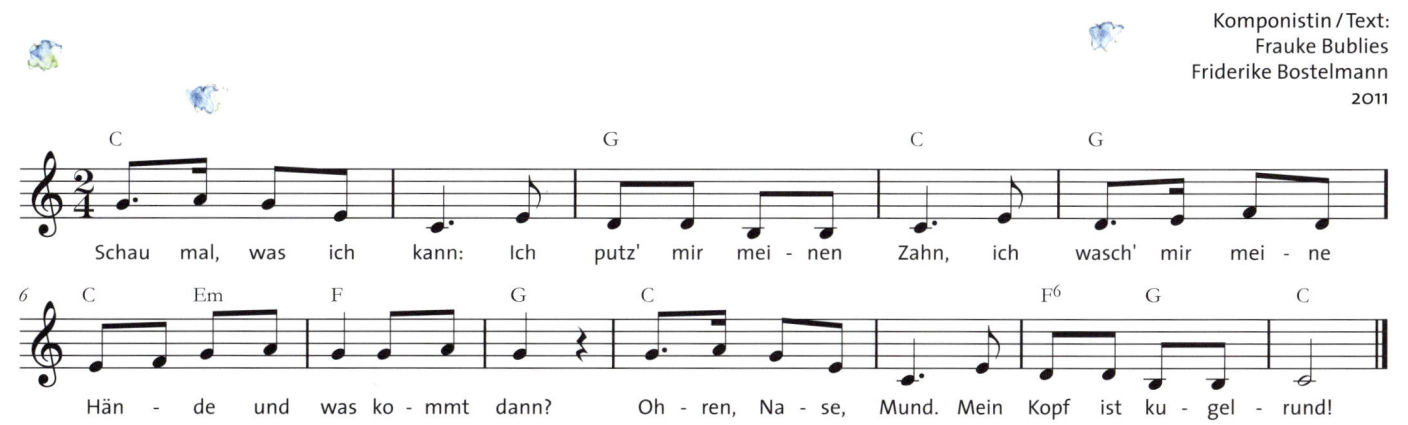

Schau mal, was ich kann

Komponistin / Text:
Frauke Bublies
Friderike Bostelmann
2011

C G C G
Schau mal, was ich kann: Ich putz' mir mei - nen Zahn, ich wasch' mir mei - ne
6
C Em F G C F6 G C
Hän - de und was ko - mmt dann? Oh - ren, Na - se, Mund. Mein Kopf ist ku - gel - rund!

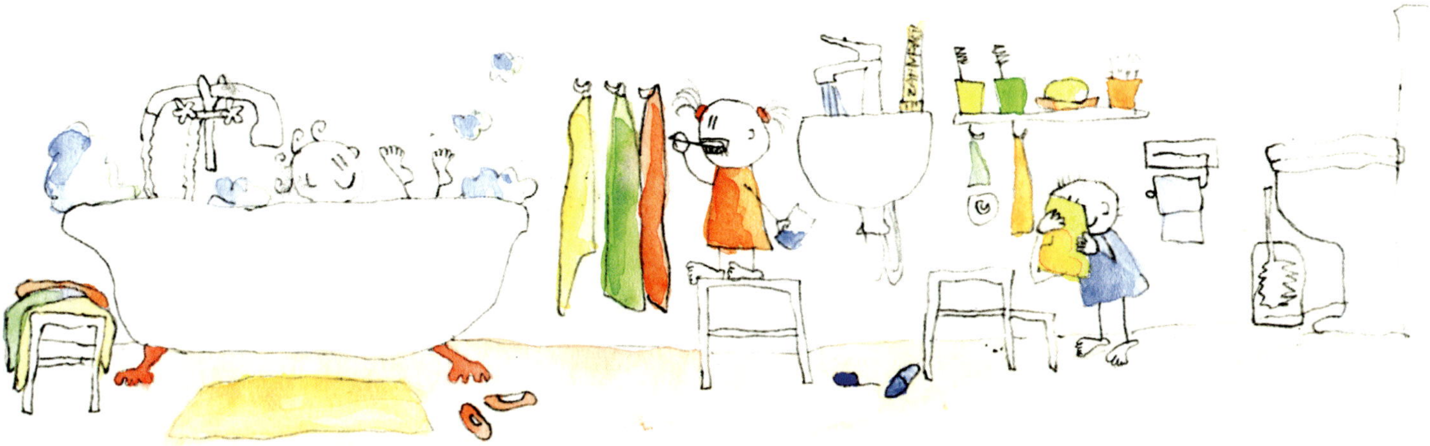

Tiere

Tiere

Spielanleitung:

Alle Kinder stehen im Kreis. Sie stemmen die Hände in die Hüfte und trampeln mit den Füßen (Takt 1–4). Anschließend wackeln alle Kinder mit dem Po hin und her (Takt 5–8).

Zuletzt heben und senken alle Kinder ihren Kopf im Rhythmus zum „IA, IA" (Takt 9–12). Bei den Strophen 2, 3, 4 werden zu den oben angegebenen Taktnummern selbst gewählte Bewegungen zu den einzelnen Tieren ausgeführt.

Ein kleines graues Eselchen

Traditionell

1. Ein kleines graues Eselchen,
   das wandert durch die Welt.
   Es wackelt mit dem Hinterteil,
   gleich wie es ihm gefällt.
   IA, IA, IA, IA, IA.

2. Ein kleines rotes Vögelchen,
   das flattert durch die Welt.
   Es macht den Schnabel auf und zu,
   gleich wie es ihm gefällt.
   Piep, piep, piep, piep, piep.

3. Zwei kleine grüne Frösche,
   die hüpfen durch die Welt.
   Sie hüpfen hin und hüpfen her,
   wie's ihnen so gefällt.
   Quak, quak, quak, quak, quak.

4. Drei lahme, lahme Schnecken,
   die schleichen durch die Welt.
   Sie tragen ihre Häuser rum,
   wie's ihnen so gefällt.
   Oh je, oh je, oh je, oh je, oh je.

Tiere

Spielanleitung:

Refrain:
Alle Kinder fassen sich an den Händen und laufen wahlweise nach rechts oder links im Kreis (Takt 1–2). Dann drehen sich alle Kinder mit dem Gesicht zur Kreismitte und klatschen mit den Händen im Takt (Takt 3–4).

1. Strophe:
Die Kinder drehen sich zum Nachbarkind nach rechts und ahmen mit den Händen Katzenpfötchentritte auf dem Rücken des Nachbarkindes nach.

2. Strophe:
Die Kinder drehen sich zum Nachbarkind nach links und legen die Hände um den Mund, als würden sie dem Nachbarkind etwas zuflüstern.

Miezekatze, tanze!

Komponistin: Elisabeth Wintzer
Text: Manfred Kyber
1922

1.+2. Mie-ze-kat-ze, tan-ze, Mie-ze-kat-ze du, schla-ge mit dem Schwan-ze den Takt dazu. 1. Klei-ne, wei-ße Pfo-ten, spie-len dort und hier, brau-chen kei-ne No-ten, brau-chen kein Kla-vier.
    2. Schnu-rre, schnu-rre lei-se et-was in den Bart, Mie-ze-kat-zen-wei-se, Mie-ze-kat-zen-art.

1. Miezekatze tanze,
   Miezekatze du,
   schlage mit dem Schwanze,
   den Takt dazu.

   Kleine weiße Pfoten,
   spielen dort und hier,
   brauchen keine Noten,
   brauchen kein Klavier.

2. Miezekatze tanze,
   Miezekatze du,
   schlage mit dem Schwanze,
   den Takt dazu.

   Schnurre, schnurre leise,
   etwas in den Bart,
   Miezekatzenweise,
   Miezekatzenart.

Tiere

Spielanleitung:

Alle Kinder bilden einen Kreis und fassen sich an den Händen. Ein Kind ist das Häschen. Während des Gesangs umrunden die Kinder das Häschen, welches in der Kreismitte geduckt am Boden kauert. Bei der letzten gesungenen Zeile (Häschen hüpf) hüpft das Häschenkind zweimal in die Höhe und formt mit den Händen Hasenohren.

Häschen in der Grube

Komponist: Unbekannt
Text: Friedrich Wilhelm, August Fröbel
1840

Tiere

Spielanleitung:

Alle Kinder sitzen im Kreis. Jedes Kind lässt Zeige- und Mittelfinger der rechten Hand auf dem linken Unterarm als Sonnenkäferpapa und Sonnenkäfermama laufen (Takt 1–8). Wenn die Sonnenkäferkinder hervorkommen, können sich alle Kinder im Kreis gegenseitig krabbeln und kitzeln.

Sonnenkäferlied

Komponist: Georg Semper
Text: Else-Marie Bülau
1915

Erst kommt der Sonnenkäferpapa, dann kommt die Sonnenkäfermama und hintendrein ganz klitzeklein die Sonnenkäferkinderlein und hintendrein ganz klitzeklein die Sonnenkäferkinderlein.

Tiere

Spielanleitung:

Alle Kinder tanzen schwerfällig und schwankend als Tanzbären durch den Raum. Sie formen mit den Armen einen dicken Bauch (Takt 1–4). Die Kinder suchen sich in der Gruppe einen „Freund" aus, fassen sich an den Händen und tanzen gemeinsam von einem aufs andere Bein (Takt 5–16).

Ich bin ein dicker Tanzbär

Traditionell

Tiere

Spielanleitung:

Alle Kinder stehen in einem Kreis und machen
die Bewegungen zu dem Reim nach.
Teddy, Teddy, dreht sich um
(Alle Kinder drehen sich)
Teddy, Teddy, macht sich krumm
(Alle Kinder beugen den Oberkörper nach vorn)
Teddy, Teddy, hebt ein Bein
(Alle Kinder heben ein Bein)
Teddy, Teddy, das ist fein!
(Alle Kinder klatschen in die Hände)

Tiere

Spielanleitung:

Alle Kinder stehen in einem großen Kreis (Für die Bewegungen der Kinder wird ausreichend Platz benötigt). Die Kinder hüpfen wie die Frösche auf und nieder mit einem „Hockstrecksprung" (Takt 1–8). Anschließend drehen sich alle Kinder nach rechts und laufen wie ein Pferd im Galopp vor und zurück (Takt 9–12). Nun drehen sich alle Kinder wieder mit dem Gesicht zur Kreismitte und vollführen einen großen Sprung in die Kreismitte (Takt 13–16).

Du kleiner Frosch

Komponistin / Text:
Frauke Bublies
Friderike Bostelmann
2011

Traditionell

Traditionell

Spielanleitung:

Alle Kinder stellen sich in einem Kreis auf und fassen sich an den Händen. Nun tanzen sie im Kreis herum und bei „husch, husch, husch" hocken sich alle ganz schnell hin.

Ringel, Ringel, Reihe

Komponist: Unbekannt
Text aus: „Des Knaben Wunderhorn"
1808

Ringel, Ringel, Reihe, wir sind der Kinder drei-e. Wir sitzen unterm Hollerbusch und rufen alle husch, husch, husch.

Englisch:
Ring - a - ring - a - roses,
a pocket full of posies.
We sit below the mulb'rry bush,
and there we're hiding,
hush, hush, hush.

Traditionell

Spielanleitung:

Alle Kinder sitzen oder stehen im Kreis. Ein Kind hält zwischen den beiden Handflächen einen Ring versteckt, ein anderes Kind steht außerhalb des Kreises, schaut zu und muss genau aufpassen, um später zu erraten, wer den Ring erhalten hat.

Die Kinder im Kreis legen die Hände vor dem Bauch aneinander, wobei sie die Handflächen leicht geöffnet halten. Während des gemeinsamen Singens geht das Kind mit dem Ring in den Händen reihum von Kind zu Kind und hält seine geschlossenen Handflächen in die geöffneten der anderen Kinder. Irgendwann im Verlaufe des Liedes lässt es unbemerkt den Ring in die Hände eines Kindes im Kreis fallen. Ist das Lied zu Ende, muss nun das Kind, das außerhalb des Kreises steht, sagen, wer den Ring erhalten hat. Rät es richtig, darf es nun selbst den Ring wandern lassen. Hat es falsch geraten, ist das Kind, welches den Ring erhalten hat, an der Reihe.

Ringlein, Ringlein, du musst wandern

Traditionell
Für Kinder ab 3 Jahren

1. Ring - lein, Ring - lein, du musst wan - dern, von der ei - nen Hand zur an - dern. Ei wie schön, ei wie schön, ist das Ring - lein an - zu - sehn.

Traditionell

Spielanleitung:

Alle Kinder stellen sich in einem Kreis auf. Ein Kind stellt sich in die Mitte des Kreises und macht die Bewegungen der Waschfrauen vor. Alle anderen machen die Bewegungen nach.

Natürlich können auch zwei Kinder die Bewegungen vormachen. So können die Kinder noch die Wäsche wringen, rollen, legen etc.

Zeigt her eure Füße

Traditionell

1. Zeigt her eure Füße, zeigt her eure Schuh und sehet den fleißigen Waschfrauen zu. Sie waschen, sie waschen, sie waschen den ganzen Tag. Sie

2. Zeigt her...
   Sie hängen, sie hängen,
   sie hängen den ganzen Tag.

3. Zeigt her...
   Sie bügeln, sie bügeln,
   sie bügeln den ganzen Tag.

Traditionell

Spielanleitung:

Ein Kind ist das Dornröschen und steht in der Mitte eines durch Händefassen gebildeten Kreises. Abseits stehen zwei weitere Kinder: die Fee und der Königssohn.

1. Strophe: Die Kinder im Kreis gehen singend nach rechts.

2. Strophe: Die Kinder bleiben stehen und singen die zweite Strophe mit erhobenem Zeigefinger, um Dornröschen zu warnen.

3. Strophe: Die Kinder stehen still. Die Fee durchbricht den Kreis und tritt zu Dornröschen.

4. Strophe: Die Fee schläfert Dornröschen ein (z.B. durch Berührungen mit einem Zauberstab) und tritt ab. Dornröschen legt sich hin und schläft.

5. Strophe: Die Kinder im Kreis heben die gefassten Hände langsam in die Höhe und lassen die Hecke wachsen.

6. Strophe: Der Königssohn geht durch den Kreis der Kinder und tritt zu Dornröschen.

7. Strophe: Der Königssohn weckt Dornröschen mit einem Kuss, Dornröschen erhebt sich langsam und die Kinder im Kreis senken die Arme herab.

8. Strophe: Der Königssohn reicht Dornröschen die Hand und die anderen Kinder stellen sich paarweise hinter die beiden. Der Hochzeitszug geht im Kreis herum.

Dornröschen war ein schönes Kind

Traditionell
Für Kinder ab 3 Jahren

2. Dornröschen, nimm dich ja in acht,
ja in acht, ja in acht,
Dornröschen, nimm dich ja in acht,
ja in acht.

3. Da kam die böse Fee herein,
Fee herein, Fee herein,
Da kam die böse Fee herein, Fee
herein.

4. Dornröschen, schlafe hundert Jahr',
hundert Jahr', hundert Jahr',
Dornröschen, schlafe hundert Jahr',
hundert Jahr'!

5. Da wuchs die Hecke riesengroß,
riesengroß, riesengroß,
Da wuchs die Hecke riesengroß,
riesengroß.

6. Da kam ein junger Königssohn,
Königssohn, Königssohn,
Da kam ein junger Königssohn,
Königssohn.

7. Dornröschen, wache wieder auf,
wieder auf, wieder auf,
Dornröschen, wache wieder auf,
wieder auf!

8. Da feiern sie das Hochzeitsfest,
Hochzeitsfest, Hochzeitsfest,
Da feiern sie das Hochzeitsfest,
Hochzeitsfest.

Traditionell

Spielanleitung:

Die Kinder stehen im Kreis und ein Kind ist der Vorspieler und steht in der Kreismitte.

Alle Kinder singen das Lied gemeinsam. Wenn das Lied neu erlernt wird, singt zunächst die Erzieherin die Solostimme und das Kind im Kreis macht die Bewegungen vor.

1.
Einer: Ich bin ein Musikante und komm aus Schwabenland.
Alle: Wir sind auch Musikanten und komm'n aus Schwabenland.
Einer: Ich kann spielen auf meiner Geige.
Alle: Wir können spielen auf uns'rer Geige.
Einer: Simsimserim, simsimserim… simsim.
Alle: Simsimserim, simsimserim… simsim.
Alle Kinder ahmen das Geigenspiel nach und singen dazu.

2. Ablauf wie in Strophe eins beschrieben: Alle Kinder ahmen das Trompetenspiel nach und lassen die Finger auf den Ventilen tanzen.

3. Ablauf wie in Strophe eins beschrieben: Alle Kinder ahmen das Trommelspiel nach und schlagen sich auf die Oberschenkel.

4. Ablauf wie in Strophe eins beschrieben: Alle Kinder ahmen das Flötenspiel nach und spitzen die Lippen zu einem „tütütü".

Ich bin ein Musikante

Traditionell
Für Kinder ab 3 Jahren

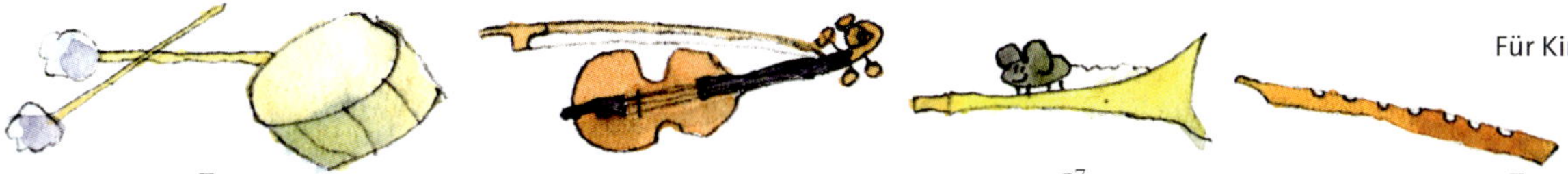

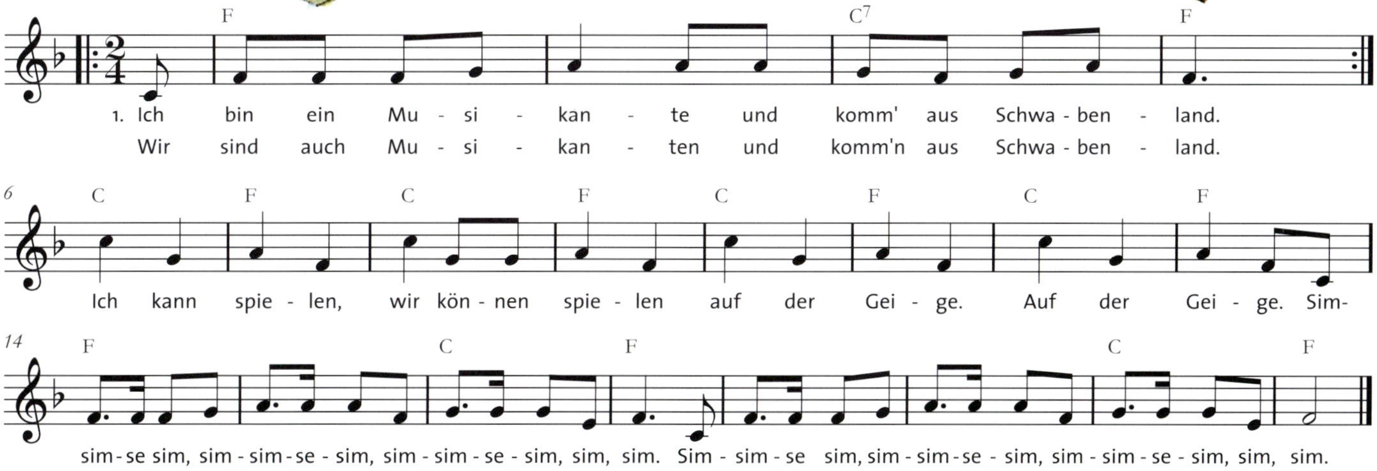

1. Ich bin ein Mu-si-kan-te und komm' aus Schwa-ben-land.
   Wir sind auch Mu-si-kan-ten und komm'n aus Schwa-ben-land.
   Ich kann spie-len, wir kön-nen spie-len auf der Gei-ge. Auf der Gei-ge. Sim-sim-se sim, sim-sim-se-sim, sim-sim-se-sim, sim, sim. Sim-sim-se sim, sim-sim-se-sim, sim-sim-se-sim, sim, sim.

2. (Solo): Ich kann spielen
   (Alle): Wir können spielen
   (Solo): auf der Trompete.
   (Alle): auf der Trompete.
   (Solo): Teng, teng, teng, teng, …
   (Alle): Teng, teng, teng, teng, …

3. (Solo): Ich kann spielen
   (Alle): Wir können spielen
   (Solo): auf der Trommel.
   (Alle): auf der Trommel.
   (Solo): Pum, pum, pum, pum, …
   (Alle): Pum, pum, pum, pum, …

4. (Solo): Ich kann spielen
   (Alle): Wir können spielen
   (Solo): auf der Flöte.
   (Alle): auf der Flöte.
   (Solo): Tü, tü, tü, tü, …
   (Alle): Tü, tü, tü, tü, …

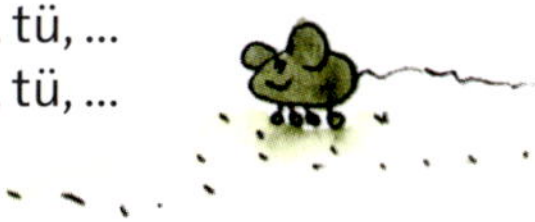

Tanzen

Tanzen

Spielanleitung:

Die Kinder stehen im Kreis, mit Blick nach innen. Ein Kind ist der Bi-Ba-Butzemann und läuft im Kreis um die Kinder herum. Das Kind hat einen beliebigen Gegenstand in der Hand und lässt es hinter einem Kind fallen. Dieses Kind muss so schnell es kann den Gegenstand aufheben und hinter dem Bi-Ba-Butzemann herrennen und ihn fangen, bevor er die freie Lücke des nachlaufenden Kindes erreicht. Schafft der Bi-Ba-Butzemann dies, ist das nachlaufende Kind der Bi-Ba-Butzemann. Andernfalls muss der zuerst bestimmte Bi-Ba-Butzemann noch eine Runde um den Kreis herum.

Es tanzt ein Bi-Ba-Butzemann

Komponist: Unbekannt
Text aus: „Des Knaben Wunderhorn"
1808

Tanzen

Spielanleitung:

Die Kinder stehen sich paarweise gegenüber. Im jeweils ersten Teil der Strophe werden die angegebenen Bewegungen mit dem Tanzpartner ausgeführt

1. Strophe: Beide Kinder reichen sich die Hände.

2. Strophe: Beide Kinder klatschen in die Hände des anderen Kindes; beide Kinder stampfen mit den Füßen abwechselnd zum Takt.

3. Strophe: Beide Kinder nicken mit dem Kopf; beide Kinder tippen mit den Fingerspitzen des Zeigefingers auf die Zeigefinger des anderen Kindes.

4. und 5. Strophe: Beide Kinder nehmen die Hände in die Hüften und drehen sich leicht hin und her.

Im jeweils zweiten Teil der Strophe reichen sich die Kinder die Hände und tanzen gemeinsam „einmal hin" (nach links), „einmal her" (nach rechts) und danach drehen sie sich gemeinsam im Kreis.

Brüderchen, komm tanz mit mir

Komponist: Engelbert Humperdinck
Text: Adelheid Wette
1893
Für Kinder ab 3 Jahren

1. Brü-der-chen, komm, tanz mit mir, bei-de Hän-de reich' ich dir, ein-mal hin, ein-mal her, rund-her-um, das ist nicht schwer.

2. Mit den Händchen klipp, klipp, klapp,
   mit den Füßen tripp, tripp, trapp,
   einmal hin, einmal her,
   rundherum, das ist nicht schwer.

3. Mit dem Köpfchen nick, nick, nick,
   mit den Fingern tick, tick, tick,
   einmal hin, einmal her,
   rundherum, das ist nicht schwer.

4. Ei, das hast du gut gemacht,
   ei, das hätt' ich nicht gedacht,
   einmal hin, einmal her,
   rundherum, das ist nicht schwer.

5. Noch einmal das schöne Spiel,
   weil es mir so gut gefiel,
   einmal hin, einmal her,
   rundherum, das ist nicht schwer.

Tanzen

Spielanleitung:

Alle Kinder stehen in einem Kreis und drehen sich um sich selbst (Takt 1–4), anschließend treten alle Kinder vom linken auf das rechte Bein (Takt 5–6).

Danach winken alle Kinder mit den Händen (Takt 7–8).

Abschließend drehen sich die Kinder erneut um sich selbst (Takt 9–12).

Ich kann tanzen

Komponistin / Text:
Frauke Bublies
Friderike Bostelmann
2011

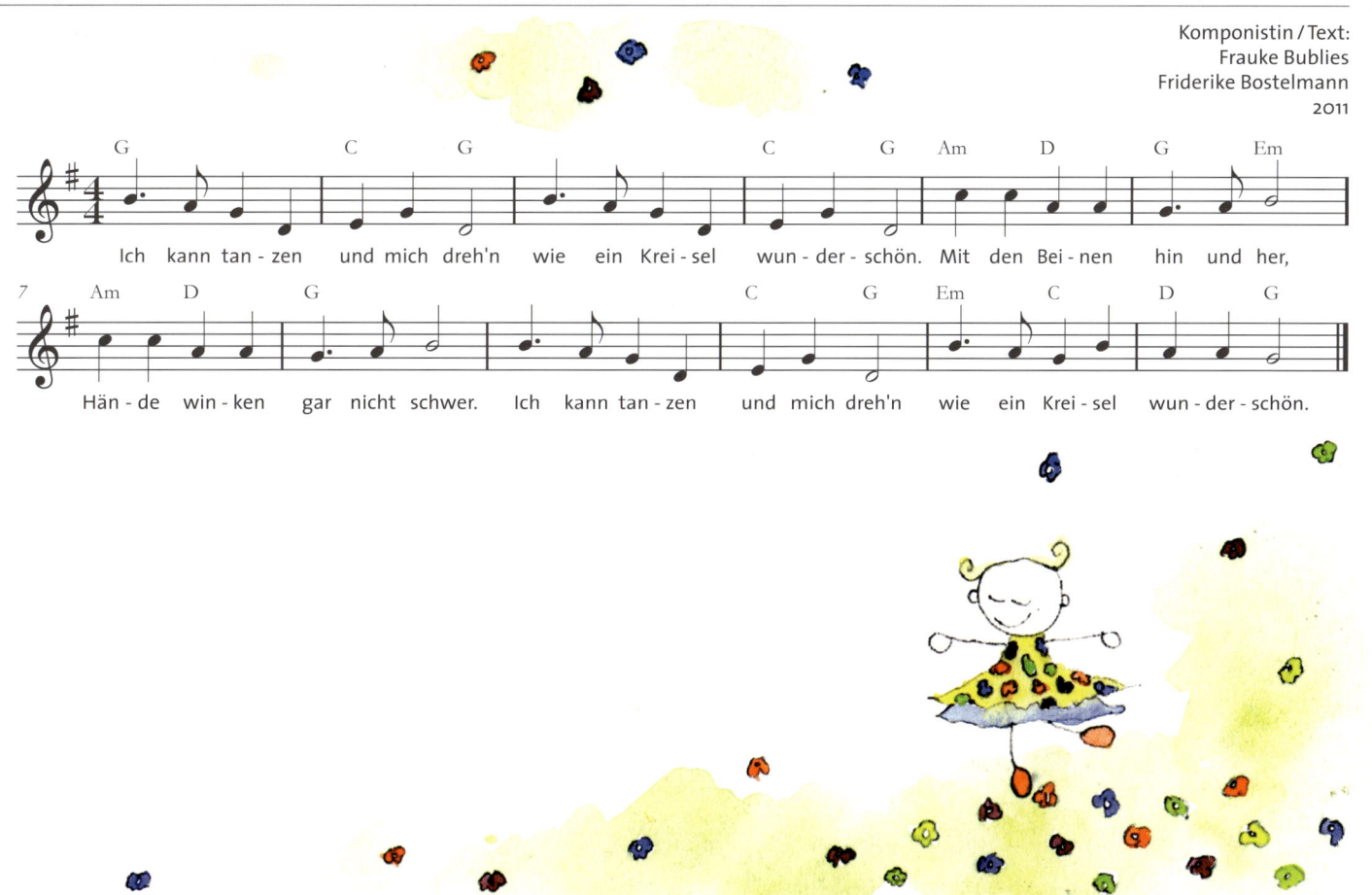

Tanzen

Spielanleitung:

Alle Kinder stehen in einem Kreis. Mit den Händen formen sie einen Ball vor dem Körper (Takt 1–4). Anschließend formen sie mit gestreckten Armen einen großen Kreis (Takt 5–8). Nun fassen die Kinder sich an den Händen und laufen langsam aufeinander zu (Takt 9–12). Abschließend vergrößern die Kinder den Kreis indem sie rückwärts wieder in ihre Ausgangsposition zurückkehren (Takt 13–16).

Unser Kreis

Komponistin / Text:
Frauke Bublies
Friderike Bostelmann
2011

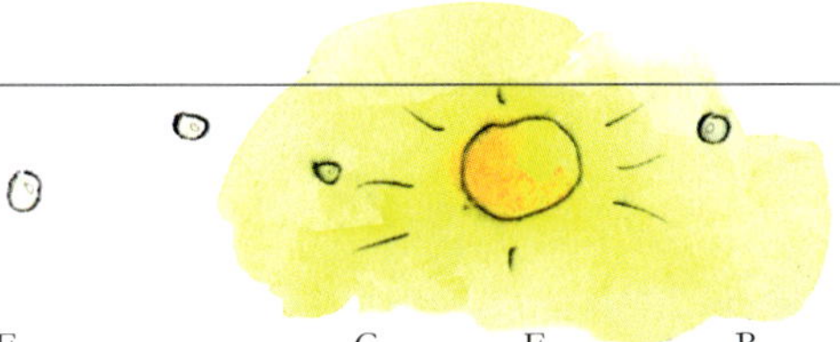

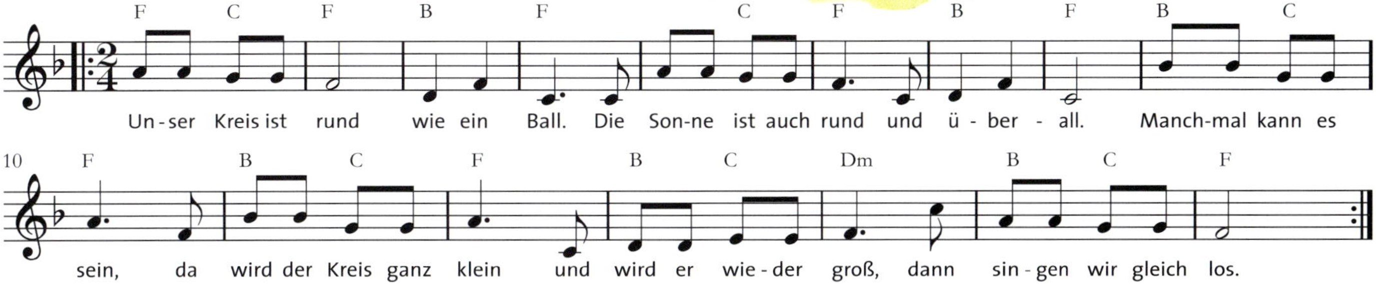
F C F B F C F B F B C
Un - ser Kreis ist rund wie ein Ball. Die Son-ne ist auch rund und ü - ber - all. Manch-mal kann es
10 F B C F B C Dm B C F
sein, da wird der Kreis ganz klein und wird er wie - der groß, dann sin - gen wir gleich los.

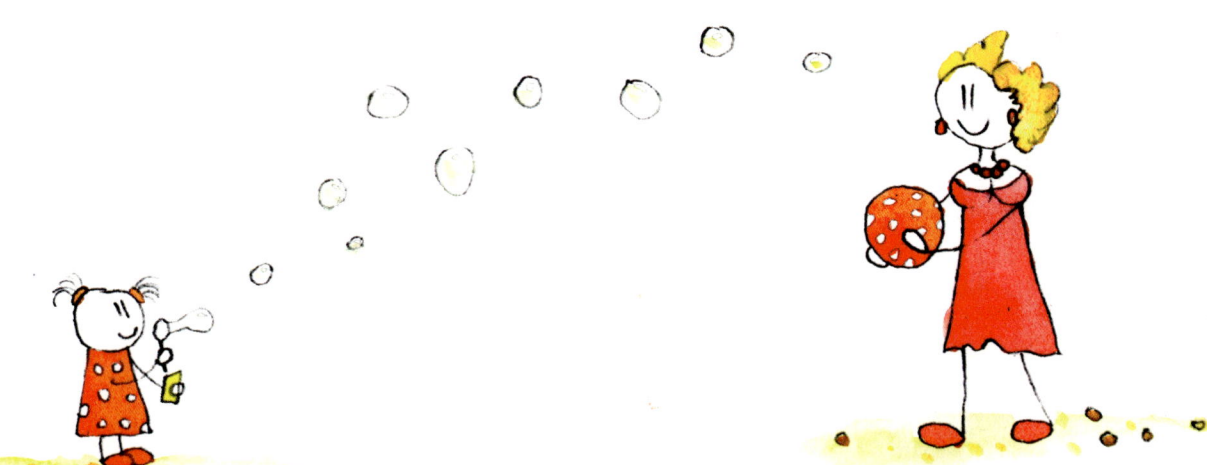

Englisch

Englisch

Spielanleitung:

Alle Kinder stehen in einem Kreis. Sie klatschen in die Hände und drehen sich um sich selbst im Kreis (Takt 1–2). Anschließend klatschen alle Kinder mit ihren Händen auf die Oberschenkel/Knie (Takt 3–4). In der zweiten Strophe stampfen alle Kinder bei Takt 3 und 4 mit den Füßen auf.

Englisch

Spielanleitung:

Alle Kinder stehen gemeinsam in einem Kreis. Während des Singens berühren alle Kinder die jeweils besungenen Körperteile. Zum Schluss wird das Lied immer schneller, bis alle Kinder während des Singens mit den Wörtern und Bewegungen durcheinander kommen.

Alternativ können auch Gegenstände im Raum besungen werden. Hier zeigen die Kinder dann während des Singens darauf.

Das geht zum Beispiel so:
Stuhl und Sessel, Tisch und Bank, Tisch und Bank,
und Fenster, Regal, Teppich, Tür,
Stuhl und Sessel, Tisch und Bank, Tisch und Bank.

Head, shoulders, knees and toes

Traditionell

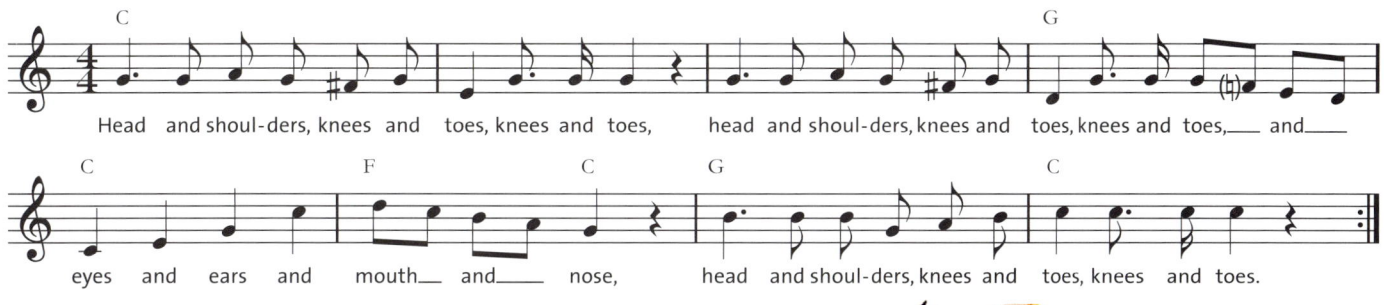

Head and shoulders, knees and toes, knees and toes,
head and shoulders, knees and toes, knees and toes,
and eyes and ears and mouth and nose,
head and shoulders, knees and toes, knees and toes.

Deutsch:
Kopf und Schulter, Knie und Fuß, Knie und Fuß,
Kopf und Schulter, Knie und Fuß, Knie und Fuß,
und Augen, Ohren, Nase, Mund,
Kopf und Schulter, Knie und Fuß, Knie und Fuß.

Englisch

Spielanleitung:

Alle Kinder stehen gemeinsam im Kreis. In jeder Strophe führen die Kinder die besungenen Bewegungen auf den mit einem „x" gekennzeichneten Noten aus.

If you're happy and you know it

Traditionell

2. If you're happy and you know it, slap your sides.
   If you're happy and you know it, slap your sides.
   If you're happy and you know it
   and you really want to show it,
   If you're happy and you know it, slap your sides.

3. If you're happy and you know it, stomp your feet.
   If you're happy and you know it, stomp your feet.
   If you're happy and you know it
   and you really want to show it,
   If you're happy and you know it, stomp your feet.

4. If you're happy and you know it, sniff your nose.
   If you're happy and you know it, sniff your nose.
   If you're happy and you know it
   and you really want to show it,
   If you're happy and you know it, sniff your nose.

5. If you're happy and you know it, shout "We are".
   If you're happy and you know it, shout "We are".
   If you're happy and you know it
   and you really want to show it,
   If you're happy and you know it, shout "We are".

Englisch

Spielanleitung:

Alle Kinder laufen mit angezogenen Knien wie ein Storch im Kreis herum. Danach formen sie mit den Armen einen Storchenschnabel und klappern damit (Takt 1–2) Anschließend legen alle Kinder eine Hand an die Augen und suchen nach einem Frosch (Takt 3). Abschließend breiten alle Kinder die Arme aus und „fliegen" durch den Raum (Takt 4–6).

The Stork

Komponistin / Text:
Frauke Bublies
Friderike Bostelmann
2011

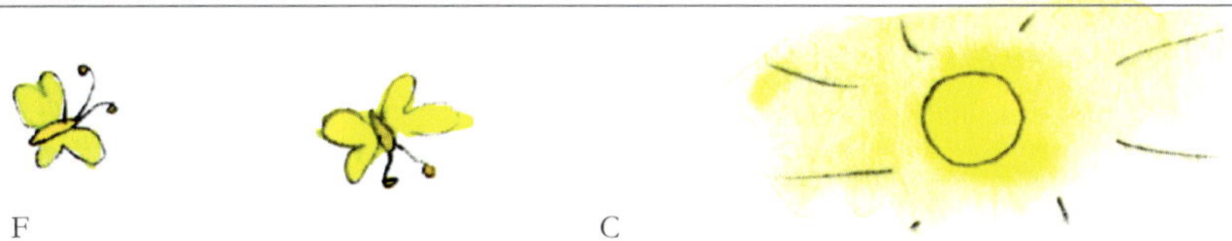

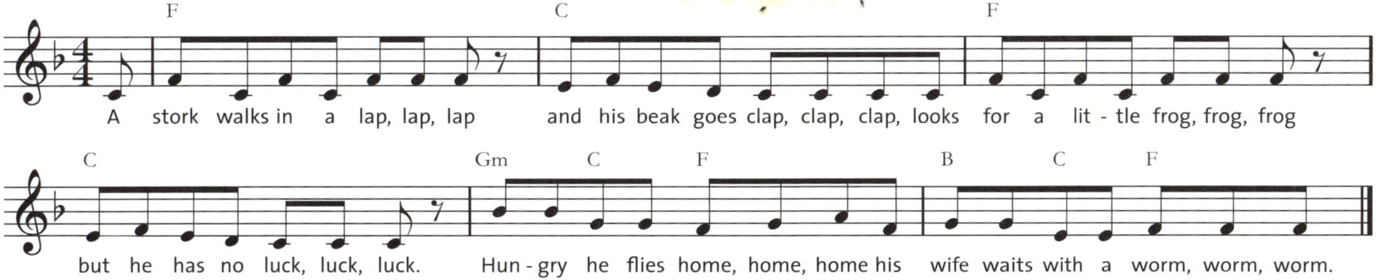
F
C
F
A stork walks in a lap, lap, lap and his beak goes clap, clap, clap, looks for a lit - tle frog, frog, frog
C
Gm
C
F
B
C
F
but he has no luck, luck, luck. Hun - gry he flies home, home, home his wife waits with a worm, worm, worm.

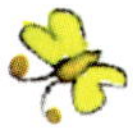

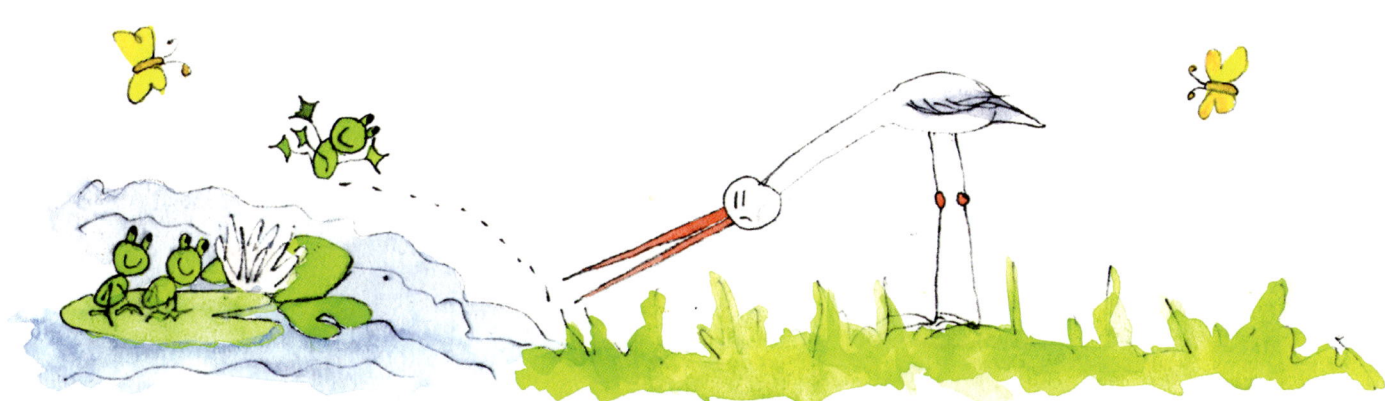

Nachwort
Warum wir singen und spielen: Gute Argumente für Kreisspiele

- Kinder entdecken sich selbst über die von ihnen erzeugten Töne, die rhythmischen Bewegungen und die Erfahrung, mit anderen im Takt zu sein.

- Das gemeinsame Musizieren fördert das Selbstbewusstsein und ein soziales Miteinander.

- Beim Bewegen zur Musik wird ganz automatisch die Motorik trainiert, indem auf dezente wie prägnante Klänge unterschiedlich reagiert wird.

- Kreisspiele fördern die Sprachfähigkeit schon bei kleinen Kindern, indem sie auf einprägsame Weise sprachliche Muster vermitteln.

- Kreisspiele fördern Konzentration. Gerade der vertraute Ablauf eines Kreisspiels von der ersten bis zur letzten Strophe bietet Kindern einen Rahmen, um die eigene Aufmerksamkeitsspanne zu trainieren.

- Kreisspiele fördern Kreativität, wenn es üblich ist, dass Kinder zunächst vorgegebene Bewegungsmuster vermittelt bekommen, dann aber das Entwickeln eigener Bewegungsformen ermöglicht wird.

- Kreisspiele fördern die emotionale Entwicklung von Kindern, indem in ihnen einprägsame Gefühlszustände nacherlebbar gemacht werden.

Autoren und Herausgeberin

Antje Bostelmann
Antje Bostelmann ist ausgebildete Erzieherin und bildende Künstlerin. 1990 gründete sie KLAX, anfangs als private Malschule und Nachmittagsbetreuung mit künstlerischem Schwerpunkt, heute ein überregionaler Bildungsträger mit Krippen, Kindergärten und Schulen in Deutschland und Schweden. Sie entwickelte die KLAX-Pädagogik, ein modernes pädagogisches Konzept, welches das Kind in den Mittelpunkt der pädagogischen Arbeit stellt und das allen KLAX-Einrichtungen zu Grunde liegt.

Michael Fink
Michael Fink hat an der Universität der Künste Berlin Bildende Kunst studiert. Als Autor hat er an vielen der KLAX-Veröffentlichungen mitgewirkt, eigene kunstpädagogische Bücher veröffentlicht und zahlreiche Fachartikel verfasst. Sein Anliegen ist es, immer neue Ideen für die Praxis nutzbar zu machen. Michael Fink gibt sein Wissen auch in Fortbildungen weiter, ist Vater von drei Töchtern und lebt in Berlin.

Friderike Bostelmann
Friderike Bostelmann ist Leiterin des Instituts für KLAX-Pädagogik. Die studierte Erziehungs-, Sozial- und Musikwissenschaftlerin ist verantwortlich für die Weiterbildungsangebote zum KLAX-Pädagogen mit Fachspezialisierung sowie für die deutschland- und europaweiten Seminare zur Portfolioarbeit und KLAX-Pädagogik. Zudem ist sie verantwortlich für die inhaltliche und konzeptionelle Weiterentwicklung der Aus- und Weiterbildungsangebote.

Frauke Bublies
Frauke Bublies ist Lehrerin für Musik und Deutsch. Sie unterrichtete lange Zeit an der KLAX-Grundschule, leitete den Schulchor und führte musikpädagogische Weiterbildungen für Erzieherinnen am Institut für KLAX-Pädagogik durch. Frauke Bublies unterrichtet derzeit an einem Berliner Gymnasium die Fächer Musik und Deutsch, ist Mutter von einem Kind und lebt in Berlin.

Verlag

Bananenblau Verlag
Der Bananenblau Verlag wurde 2010 von Antje Bostelmann gegründet und ist das jüngste Firmenmitglied der KLAX-Gruppe. Als Praxisverlag für Pädagogen besteht das Ziel von Bananenblau in der Veröffentlichung pädagogischer Fachpublikationen, die sich durch ihre Aktualität und ihren praktischen Bezug auszeichnen. Die Praxisbücher sollen Pädagogen eine Hilfe sein und ihnen wertvolle Anregungen und Tipps für den Berufsalltag geben. Fundament der Arbeit des Bananenblau Verlags bildet die langjährige Praxiserfahrung im Bereich der Pädagogik. Seit den 90er Jahren ist KLAX als Träger von Krippen, Kindergärten und Schulen sowie als Anbieter vielfältiger Kreativangebote fest auf dem europäischen Bildungsmarkt etabliert und Vorreiter in der Entwicklung und Umsetzung innovativer Pädagogikkonzepte.

Die KLAX-Gruppe
Stets an den Bedürfnissen von Kindern und Familien orientiert, entwickelte KLAX sich vom Kindergartenträger zu einem international agierenden Bildungsunternehmen. Zur KLAX-Gruppe gehören neben Krippen, Kindergärten und Schulen auch ein Cateringunternehmen, ein Aus- und Fortbildungsinstitut sowie eine Fachschule für Erzieher.

Die KLAX-Pädagogik ist in der europäischen Fachwelt eine feste Größe. Das durchgängige Bildungssystem von der Krippe bis zur Erwachsenenbildung erfährt mittlerweile internationale Anerkennung.